회원국 ”

31	시 리 아	41	오오스뜨랄리아	51	프'랑 스
32	아이슬란드	42	울 과 이	52	필 립 빈
33	아프까니스딴	43	이 락	53	하 이 띠
34	알 젠 띤	44	이 란	54	혼 듀 라 스
35	에 콰 돌	45	이 스 라 엘	(55)	소 련
36	에디오삐아	46	인 도	(56)	백로시아
37	에 집 드	47	인도네시아	(57)	보올란드
38	엘 살 바 돌	48	중 화 민 국	(58)	우끄라이나
39	영 국	49	질 리	(59)	유우고슬라비아
40	예 멘	50	타 이	(60)	첵고슬로바끼아

무 궁 화

끌끌마다 철철이 꽃이 피어도,
우리는 무궁화를 섬기는 겨레.
무궁화 이 나라에 다시 피는데,
소리소리 오랑캐 몰려들 온다.

꺾였던 무궁화를 몰래 가꾸어,
백두 산 줄기줄기 향기롭고자,
수많은 선렬들이 피 흘린 꽃밭,
무리무리 떼 지어 짓밟아 온다.

하얀 옷 슬기로운 우리 형제는,
마음마다 그윽히 무궁화 송이.
빛나는 삼일 정신 이어 받들고,
자유의 깃발 아래 쳐몰아내리.

一. 북한 공산군이 남한으로 쳐들어온 내력

4283년 6월 25일!

북한 공산군이 남한으로 쳐들어왔다는 소식이 전해 지자, 남한 사람들은 모두들 이 뜻밖의 일에 놀라지 않을 수 없었다. 몇 해를 두고 불안스럽게 생각하던 일이 정말로 눈 앞에 벌어지매, 장차 이 일이 어떻게 될 것인가에 대한 불안은 이루 말할 수 없었다.

서울 시민은 멀리 동북쪽에서 은은히 울려오는 대포 소리에 귀를 기울였다.

38선서 서울이 그리 먼 거리는 아니지만, 이렇게까지 그들이 가까이 쳐들어왔다는 것은 아무리 생각하여도 꿈 같기만 하였다.

거리에는 트럭이 지나간다. 찌입차가 지나간다. 타고 있는 군인들의 긴장된 얼굴을 보고, 시민들은 심상치 않은 사태가 벌어졌다는 것을 깨달았다. 그렇다! 확실히 심상치 않은 사태가 벌어진 것이었다. 그리하여, 우리는 이 날로부터 시작한 공산군과의 싸움을 지금도 계속하고 있지 않은가!

북한 공산군은 오래 동안 계획을 세우고, 준비를 하여 오다가, 마침내 6월 25일 이른 아침, 탕크 160대, 비행기 180대의 감싸줌을 받는 19만의 대군을 동원하여 남한으로 쳐들어왔던 것이다.

불의의 습격을 받은 우리 국군은 도처에서 밀물 같이 몰려오는 공산군을 막아 용감히 싸웠다. 그러나, 국군의 무장은 너무도 보잘 것 없었다. 백발 백중의 우리 국군 포탄은 틀림없이 적의 탕크에 들어맞았으나, 아무 소용이 없었다. 적의 탕크는 꿈적도 아니 하고 달려드는 것이었다. 우리 국군 장병은 다 같이,

"탕크! 탕크! 탕크!"

하면서, 물러서지 않을 수 없었다.

거만하게 몰려오는 적의 탕크를 차마 그대로 보고 있을 수 없어, 마침내 수류탄을 들고 적의 탕크로 뛰어들어간 국군 용사들도 있었다. 그리하여, 그들은 살 한 점 남기지 않고, 나라를 위하여 이슬 같이 살아졌다.

대체 북한의 공산군이 이렇게 남한으로 쳐들

어오게 된 내력은 무엇인가?

4278/1945년 제이 차 세계 대전이 끝나자, 소련은 이 틈을 타서, 전부터 생각해 오던 계획 대로 공산주의 세력을 온 세계에 뻗치려고 하기 시작하였고, 이에 대하여 민주주의 여러 나라는 서로 단속하여 공산주의를 막기 위한 온갖 노력을 게을리 하지 않았다. 이것이 흔히 말하는 찬 전쟁 (冷戰)의 시초안 것이다.

찬 전쟁이 제삼 차 세계 대전에 이르리라고 생각한 소련과 및 소련의 시중 나라 (衛星國家)들은 무기를 많이 장만하고, 군대를 늘여서, 언제든지 민주주의 여러 나라에 쳐들어갈 수 있는 힘을 기르기에 바빴다. 세계의 평화를 깨뜨리는 소련의 이러한 태도를 본 서쪽 유우롭 민주주의 여러 나라들은 집단적으로 소련에 대항하기 위하여, 북대서양 동맹을 맺게 되었다.

그러나, 아시아에 있어서는 중국 공산당이 무력으로 중국 전토를 휩쓸고 있었으며, 우리 나라의 북쪽 소위 38선 이북에는 소련의 앞잡이 김 일성이가 정권을 세워 스따알린의 곡두각시 노릇을 하고 있었다. 이것이야말로 소련이 아시아의 모든 나라에 공산주의의 위협을 주게 된 시초인 것이다. 이로부터 민주·공산 두 진영(陣營)의 찬 전쟁은 서쪽 유우롭에서 아시아로 자리를 옮기게 되었던 것이다.

이에 대하여, 서쪽 유우롭에서 북대서양 동맹을 맺은 것과 마찬가지로, 아시아 여러 나라도 공산주의를 막기 위하여 태평양 동맹을 결성하자는 의논이 나왔고, 우리 나라 이 승만 대통령께서는 이 일을 위하여 진해에서 중국의 장개석 총통과 만나시기까지 하였다. 그러나, 여러 가지 사정으로 태평양 동맹은 실현을 보지 못했고, 그 대신 아시아 여러 나라가 제각기 공산주의의 침략을 끝까지 막아내자는 결의(決意)를 굳게 하였다.

이러한 아시아 여러 나라의 단결에 겁을 먹은 소련은, 중공과 비밀히 협정을 맺아, 소련이 시키는 대로 중공이 움직이도록 만들어 놓았다.

우리 대한 민국은, 38선을 사이에 두고, 소련의 세력과 직접 맞서고 있는 까닭에, 극동에서 공산주의의 침략을 막아내기 위하여서는, 무엇보다도 우리 나라가 씩씩하게 발전하여야 할 처지에 있었다.

그리하여, 국제 연합의 승인을 얻고, 미국을 비롯한 민주주의 여러 나라의 끊임없는 도움을 받는 우리 대한 민국은, 정부가 수립되어 거의 2년이 되는 동안에, 각 방면에 걸쳐, 놀란 만한 발전을 하였고, 더욱이 작년 5월 30일의 제2 차 총선거를 통하여 나라의 터전은 더욱 튼튼해 졌던 것이다.

대한 민국의 이러한 발전은 아시아를 공산주의에 물들게 하려는 소련의 정책을 크게 어긋나게 하므로, 소련은 드디어 그의 꼭두각시 김일성에게 많은 무기를 주어, 대한 민국을 들이치게 한 것이다.

二. 공산주의와 민주주의

1. 철의 장막

흔히 말하기를 "공산주의 나라는 철의 장막에 가리워 져 있다."고 한다.

이 말은 민주주의 나라들 사이에는 아무런 비밀이 없음에 대하여, 공산주의 나라에서는 모든 것을 비밀에 붙이어, 그 내막을 알 수 없는 것이 마치 철로 만든 장막을 쳐 놓은 것과 같다는 뜻이다.

공산주의 나라는 왜 이와 같이 철의 장막을 치고 모든 것을 감추려 하는 것일가? 그것은 한 말로 말하면, 공산주의 나라의 나쁜 점이 드러나는 것을 두려워 하기 때문이다. 그러면, 과연, 공산주의 나라는 어떠한 나라인가?

공산당이 주장하는 나라 민주주의 나라는, 온 국민이 주장이 되어 온 국민을 위하는 정치를 하지만, 공산주의 나라에서는, 공산당이란 한 정당이 주장이 되어 온 백성을 기계나 짐승처럼 부리고 있다.

공산주의 나라에서 공산당의 당원이 되는 것

은 그리 쉬운 일이 아니며, 당원 중에도 정말 세력을 잡고 있는 것은 몇몇 사람에 지나지 않는다. 그리하여. 얼마 안 되는 공산당 간부가 정부의 중요한 자리를 차지하고, 일반 국민은 그들에게 절대 복종하여야만 되는 것이다. 공산당의 정부는 국민의 모든 생활에 일일이 간섭하여, 무슨 일을 어떻게 하여야 할 것인가를 정해 주고, 만일 이에 복종하지 않는 사람은 감옥으로 끌고 가는 것이다.

다시 말하면, 공산주의 나라는 국민에게 절대로 자유를 주지 않고, 정부가 시키는 대로 움직이게 하는 나라이다. 이러한 정치를 "독재 정치"라고 하는데, 공산주의 나라는 그 좋은 본보기인 것이다.

비밀 경찰 공산주의 나라의 정치는 이와 같이 국민들을 억누르고, 국민의 행복과 자유를 무시하는 까닭에 아무리 온순한 사람이라도 불평과 불만이 없을 수 없다. 그러나, 그러한 불평 불만을 그대로 두면 공산당에게 크게 해로우므로, 그들은 거미줄 같이 비밀 경찰과 탐정들을 사방에 늘어놓아, 국민으로 하여금 불평

한 마디 하지 못하게 한다.

그러므로, 공산주의 나라의 국민은 아무리 억울한 일이 있더라도 잠자코 복종하는 수 밖에 없다. 더구나, 누가 탐정인 줄 모르는 까닭에, 부자, 형제, 친구 사이에라도 서로 마음놓고 자기의 생각을 이야기하지 못한다. 이렇게 사람마다 서로 의심하고 경계하며 살아야 한다는 것은 민주주의 나라에 사는 우리들로서는 도저히 상상할 수 없을 이만큼 무시무시한 생활이다.

거짓의 나라 공산주의 나라에서는, 국민이 만일 민주주의 나라의 자유롭고 평화로운 생활을 알게 되면 큰 일이 나겠으므로, 공산당은 언제나 국민에게 외국의 사정을 그릇되게, 될 수 있는 대로 나쁘게 선전하여, 오직 자기네들의 정치만이 가장 좋은 것처럼 속이는 것이다. 따라서, 외국 특히 민주주의 나라에 여행을 하거나, 또는 민주주의 나라의 국민이 들어오는 것을 엄금한다. 그뿐 아니라, 외국에서 오는 신문, 통신, 라디오 등을 통하여 외국의 형편을 알게 하지도 않는다.

공산주의 나라는 이와 같이 국민을 속이고

어둠 속에, 가두어 두는 까닭에 국민은 세계 정세에 어두운 우물 안 개구리가 되고 만다.

침략을 일삼는 나라 공산당은 자기 나라 국민을 노예와 같이 만들어 놓고 무지와 암흑 속에 가두어 두는 것만으로는 만족하지 않는다. 그들은 자유로운 민주주의 나라에 공산당의 세력을 넓히려고, 갖은 음모와 모략을 다하여 폭동을 일으키며, 때로는 무력으로써 다른 나라를 정복하려고까지 한다.

이렇게 침략을 일삼는 공산주의 나라에서는 국민의 생활에 필요한 물건을 만들려 하지 않고, 직접 전쟁에 소용되는 물건을 만드는 데만 힘을 다하는 까닭에, 국민의 생활은 이루 말할 수 없이 불상한 형편이다.

독립이 없는 나라 누구나 잘 아다 싶이, 공산당의 우두머리는 소련이다. 그러므로 어느 나라에서든지 공산주의자들은 소련을 저희들의 조국이라 부른다. 그래서, 공산담이 지배하는 공산주의 나라에서는 독립이란 말 뿐이고, 실상은 완전히 소련의 속국이 되어 소련의 명령 대로 움직이어야만 한다. 공산주의 나라 뿐 아니라

그렇지 않은 나라에서도 공산당이 하는 짓은 전부가 소련의 명령인 것이다.

여러분은 꼭두각시 놀음을 아는가? 꼭두각시 놀음에 나오는 꼭두각시들은 무대 뒤에 있는 조종사가 시키는 대로 울기도 하고, 웃기도 하고, 춤도 추고, 싸우기도 한다. 소련은 이 조종사이며, 다른 나라의 공산당들은 생명도 없고, 자유도 없는 가엾은 꼭두각시들인 것이다.

소련은 이러한 꼭두각시들을 앞잡이로 세워 공산주의의 세력을 온 세계에 퍼뜨리려고 한다. 북한 공산군의 괴수 김 일성이나, 중공의 모택동이가 다 이러한 꼭두각시들이다. 이것만으로도 여러분은 북한의 공산군이나 중공 오랑캐들이 어째서 우리 나라에 쳐들어왔는지 잘 알 수 있을 것이다.

2. 자유와 평화

자유와 평화를 사랑하는 사람은 누구나 위에 말한 공산주의의 독재 정치를 싫어하고, 민주주의를 죽음으로써 지키려고 한다.

그러면, 민주주의 나라는 어떠한 나라인가?

민주주의의 원칙 공산주의 나라에서는 공산당의 독재 정권인 정부가 가장 존귀한 것이요, 모든 개인은 마치 기계나 노예처럼 다루어짐에 대하여, 민주주의 나라에서는 각 개인을 가장 귀중한 것으로 생각한다. 그러므로, 민주주의 국가에서는, 무엇보다도 각 개인이 자유와 행복을 누릴 수 있도록 그 권리를 존중하며, 그 정부는 이러한 각 개인의 권리가 보장되도록 하기 위하여 일을 한다.

사람은 누구나 이 세상에 태어날 때부터 절대로 남에게 빼앗길 수 없는 사람으로서의 권리를 가지고 있다. 이러한 권리 중에서 가장 으뜸가는 것은.

○ 이 세상에 살아나갈 권리.

○ 자기 양심 대로 자유로 활동할 수 있는

권리.

- 자기 정신과 육체의 행복을 누릴 수 있는 권리.

등이다. 그리고 여기서 다시,

- 자기의 생각을 말로나 글로써 자유롭게 발표할 수 있는 권리.
- 법에 없이 재산을 빼앗기거나, 매를 맞거나 갇히거나 하는 일을 당하지 않는 권리.
- 마음 대로 사람들끼리 모여서 의논할 수 있는 권리.
- 자기가 믿고 싶은 종교를 자유로 믿을 수 있는 권리.

같은 것이 나오게 된다.

민주주의 나라는 이러한 사람의 권리를 보호하여, 국민이 자유롭고, 평화롭고, 평등한 생활을 할 수 있게 하는 나라이다. 그뿐 아니라, 민주주의 나라에서는 공산주의 나라에서와 같이 적은 수효의 사람이 자기들의 생각 대로 정치를 하는 것이 아니라, 모든 국민이 서로 의논하여 자기들의 마음에 맞는 정부를 세워서 국민 전

체를 위한 정치를 하게 하는 것이다.

나라끼리 서로 돕는다 민주주의 나라는 자기 나라의 독립과 자유를 대단히 소중히 여기는 것과 같이, 다른 나라의 독립과 자유도 소중히 여긴다. 그러므로, 다른 나라로부터 침략을 받아 그 나라의 독립과 자유를 위협 당하지 않는 한, 먼저 다른 나라를 침략하거나 정복하려고 하지 않는다. 오히려 민주주의 나라들은 서로 사이 좋게 도와서 어느 나라나 다 자유와 평화를 누릴 수 있게 되도록 노력하는 것이다.

이와 같이, 민주주의 나라의 생활이 평화롭고 자유로운 밝은 생활임에 대하여, 공산주의 나라의 생활은 무서움과 억눌림에 허덕이는 어두운 생활인 것이다.

三. 국제 연합과 우리 나라

4278(1945)년 4월 25일 세계 46개국 대표들이 미국 서해안에 있는 산프란시스꼬에 모였다. 이 대표들은 세계 평화를 위하여, 각국이 서로 손을 잡고 마음과 힘을 합하여 나아갈 수 있는 국제적 기관을 세우기로 하였다.

이것이 곧 국제 연합 기구(國際聯合機構)—유엔—가 생기게 된 동기이다. 그리하여, 이듬해 4279(1946)년 1월, 영국 런던에서 제1 차 총회가 열리게 되어, 국제 연합은 그 역사적 탄생을 보게 된 것이다.

그러면, 국제 연합의 이상(理想)과 목적은 무엇인가? 간단히 말하면,

"이 세상에서 다시는 전쟁이 일어나지 않게 하고,

사람으로서의 권리, 남녀가 똑 같이 일할 수 있는 권리, 및 큰 나라와 작은 나라가 똑 같은 대접을 받을 수 있는 권리를 다시 확실히 하고, 인류 사회의 발전을 꾀하여 누구나가 자유롭게 잘 살 수 있도록 한다."

는 것이다.

그리하여, 국제 연합은 이 거룩한 이상을 실현하기 위하여, 매년 한 번씩 총회를 열어,

모든 사람의 생활을 더욱 유쾌하고 안락하게 하며,

세계의 평화를 유지하며,

국제 연합을 운영하는

일을 의논하기로 하였다. 그리고, 총회가 끝난 뒤에도 계속하여 일을 볼 수 있는 여러 가지 기구(機構)를 두었는데, 그 중에 특히 중요한 것은 안전 보장 이사회 (安全保障理事會)와 경제 사회 이사회 (經濟社會理事會)의 두 기구이다.

안전 보장 이사회는 세계의 평화를 유지하기 위하여 나라 사이의 침략을 막고, 나라마다 정의와 국제법을 존중하여 모든 문제를 평화로운 방법으로 해결하게 하며, 각국 국민은 다 같은 권리를 가지게 하는 등, 나라와 나라 사이의 안전을 깨뜨리는 일이 없도록 단속하는 기관이며,

경제 사회 이사회는 모든 나라의 국민이 영양 있는 음식과 필요한 의복과 적당한 주택을 얻을 수 있도록 도와주며, 사람마다 직업을 구

할 수 있는 기회를 얻게 하고, 나라 사이에 남고 모자라는 물자를 서로 바꾸어 쓸 수 있게 하는 등, 우리 인류의 생활을 좀 더 행복하게 할 수 있는 일을 맡아 보는 기관이다.

우리 나라가 4281/1948년 9월부터 12월까지 프랑스 빠리에서 열린 세째번 국제 연합 총회에서 소련과 그 앞잡이 나라들의 반대를 물리치고, 우리 나라가 당당한 독립 국가로 승인을 받은 것은 아직도 우리의 기억에 새로운 일이며, 그 후 우리 나라의 통일을 도와주기 위하여, 국제 연합 한국 위원단이 와서 많은 일을 한 사실을 우리는 잘 알고 있다.

4283년 6월 25일, 북한 공산군이 까닭 없이 남한으로 쳐들어왔다는 소식이 전해지자, 세계 각국은 크게 놀랐다. 특히 우리의 우방 미국은 이 침략 행위를 중대하게 생각하고, 그 날로 곧 이 문제의 해결을 국제 연합 안전 보장 이사회에 제안하였다.

국제 연합 안전 보장 이사회는 이 소식을 듣고 바로 회의를 소집하여, 북한 공산군의 남한에 대한 공격을 비난하고, 즉시 싸움을 중지할 것과 공산군은 38 선 이북으로 물러가라는 미국의 제안을 가결하였다.

구로스 미국 대표가 제의한 "북한의 꼭두각시 정권을 침략자로 규정하자" 는 결의안을 좀 더 자세히 적으면, 다음과 같다.

"국제 연합 안전 보장 이사회는

1. 대한 민국은 정당하게 세워진 정부이며, 대한 민국 국민은 모두 대한 민국을 위하여 충성을 다한다는 것,
2. 대한 민국 정부는 대한 민국 국민이 아무런 억눌림도 받지 않고, 자기의 생각 대로 선거하여 이루어 진 정부라는 것,
3. 대한 민국 정부는 대한 민국에 있어서 오직 하나인 가장 정당한 정부라는 것.

을 밝히고,

1. 국제 연합 총회에서는, 대한 민국의 독립과 통일을 방해하는 일을, 국제 연합에 가입한 나라가 하는 경우에 벌어질 결과에 대하여 두 차례나 근심한 일과,
2. 국제 연합 한국 위원단이 그 보고 가운데

서 대한 민국 정부와 국민이 위협을 받고 있는 것과, 그러한 위험한 상태가 군사 충돌에까지 발전하게 될 것 같다고 염려한 일, 들을 생각하고, 북한 공산군이 남한으로 쳐들어 왔다는 사실에 대하여,

'북한 공산군의 그러한 행동은 평화를 깨뜨리는 것이므로, 북한 당국에 대하여,

1. 즉시 싸움을 중지할 것,

2. 군대를 38도선까지 물러가게 할 것,

을 요구 한다.'

는 결정을 하여야 한다."

그러나, 북한 공산군은 국제 연합 안전 보장 이사회의 결의를 무시하고, 남한에 대한 침략을 계속하므로, 이사회는 이 침략 행위를 막아내기 위하여, 6월 27일에 다시 회의를 열어 다음과 같은 결의를 채택하였다.

"국제 연합 회원국은 북한 공산군의 침략을 물리치고, 대한 민국의 평화와 안전을 도로 찾는데 필요한 도움을 대한 민국에 줄 것을 권고한다."

이 결의는 공산주의 나라를 빼놓은 세계 53 나라가 압도적으로 지지하였다. 그리하여, 직접 군대의 힘으로 공산주의의 침략을 물리치기 위하여, 국제 연합 여러 나라는 군대를 한국으로 보내게 되었으며, 국제 연합군의 최고 사령관으로는 맥아더 장군이 임명되고, 각국 군대는 자기 나라 국기와 함께 국제 연합기를 사용하기로 되었다.

기회만 있으면 사정없이 남의 나라를 침략하려 드는 공산주의에 대하여, 국제 연합은 처음으로 군대를 보내어 무력으로써 이를 억누르게 되었으니, 국제 연합의 이러한 행동은, 민주주의 여러 나라에 대하여, 크나 큰 용기와 힘을 주었던 것이다.

그 후 몇 달이 못 가서, 국군 및 국제 연합군은 북한 공산군을 여지없이 쳐부수어 멀리 만주로 달아나게 하니, 우리 나라는 해방 후 5 년만에 비로소 국토 통일이 이루어 지게 되었다. 그러나, 어디까지나 흉악한 소련의 공산주의 세력은 끝끝내 자기들의 더러운 욕심을 버리지 못하고, 이번에는 백만의 중공 오랑캐

떼를 몰아 대한 민국에 대한 새로운 공격을 시작하였다.

국제 연합은 한국에서 벌어진 새로운 사태에 대하여, 어디까지나 평화로운 방법으로 그들의 잘못을 깨우치려 하였으나, 중공은 세계의 평화를 어지럽히는 침략을 끝까지 감행하려 하므로, 드디어 지난 2월 1일 국제 연합 총회는 중공을 침략자로 정하고, 끝까지 이를 쳐부수려는 결의를 다시 새롭게 하였다.

떠. 우리를 도와주는 나라들

지난 6월 27일 안전 보장 이사회에서.

"국제 연합 회원국은 북한 공산군의 침략을 물리치고, 대한 민국의 평화와 안전을 도로 찾는데 필요한 도움을 대한 민국에 줄 것을 권고한다"

라는 결의가 채택되자, 국제 연합의 민주주의 여러 나라는 우리 나라에 대한 공산주의의 침략을 물리치게 위하여, 군대로, 물자로 우리 나라를 도와주게 되었다. 우리는 우리 나라를 도와주는 다음의 여러 나라에 대하여, 한없는 감사를 드리지 않을 수 없다.

○ 군대를 보낸 나라

보낸 군대 육군  해군  공군 

가 나 다

밀을 비롯한 농산물과 생선 및 광물이 많이 나는 나라.

끄리시아

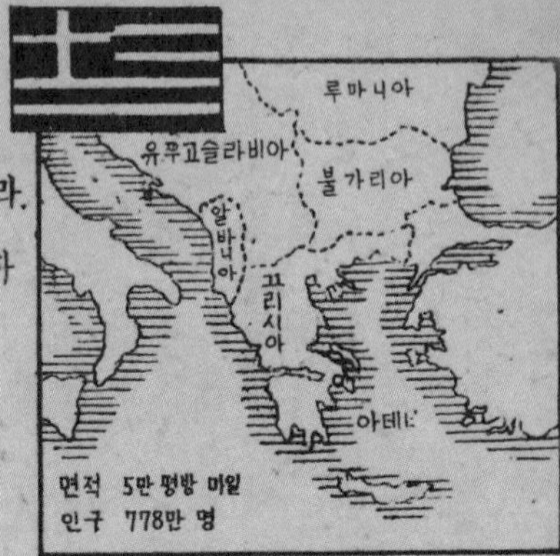

기후가 따뜻하고, 살기 좋은 나라. 옛날에는 문화가 대단히 발달하였었다.

남아프리까 연방

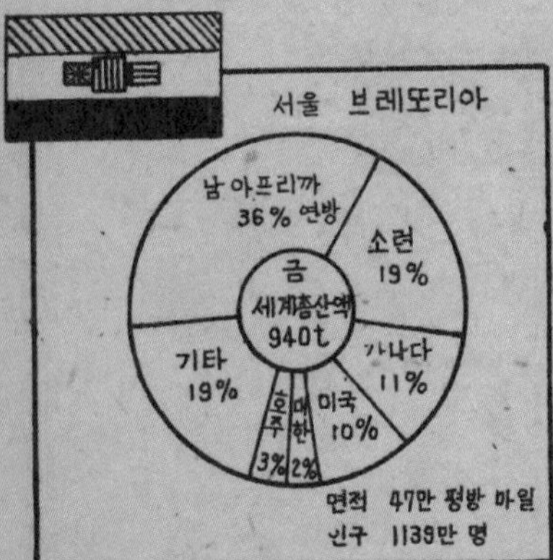

금과 금강석이 세계적으로 많이 나는 나라.

네델란드

바다 보다도 낮은 땅이 있는 나라. 국민이 대단히 부지런하다.

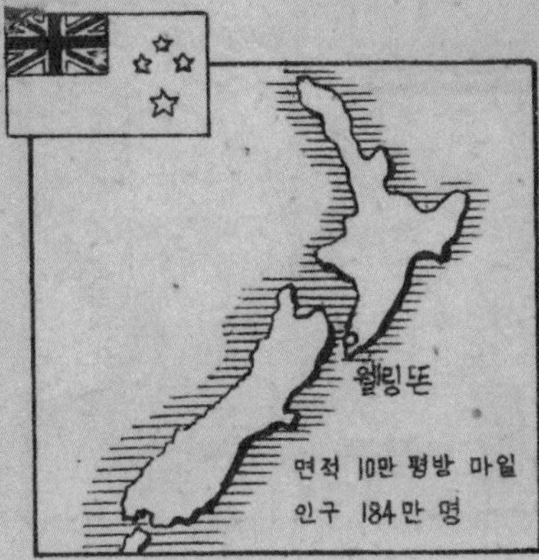

뉴우질란드

오오스뜨랄리아 동쪽 바다에 있는

남북 두 섬으로 된 나라.

소와 양을 많이 기른다.

덜 끼 예

애국 지도자의 힘으로 기울었던

국세가 다시 일어난 나라.

좋은 담배가 난다.

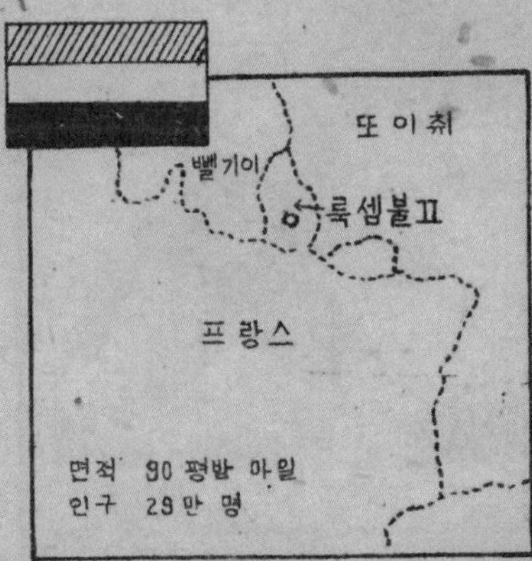

룩 셈 불 끄

또이취, 프랑스, 뻴기이의 세

나라 사이에 끼인 작은 나라.

미 국

우리 나라의 독립을 위하여
가장 많이 힘써 준 나라.

뻴 기 이

철과 석탄이 많이 나서,
공업이 발달한 나라.

영 국

유우롭 대륙 서쪽 바다에 있는
섬 나라,
모든 공업이 크게 발달하였다

오오스뜨랄리아

목축업이 발달된 나라.

국민 한 사람이 평균 18 마리의 양을 기르는 셈이 된다.

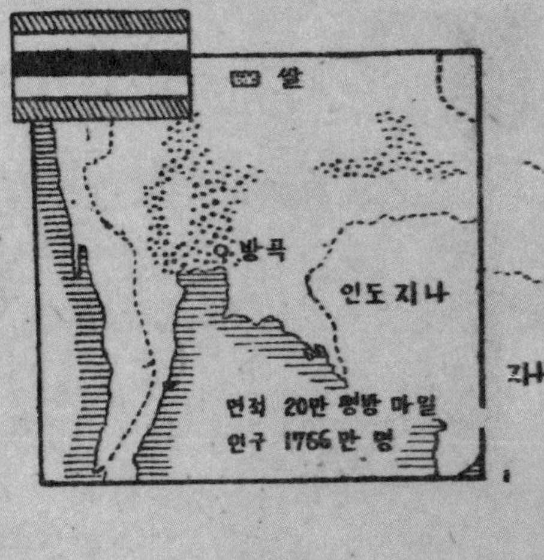

타 이

불교를 가장 열심히 믿는 나라.

쌀이 많이 난다.

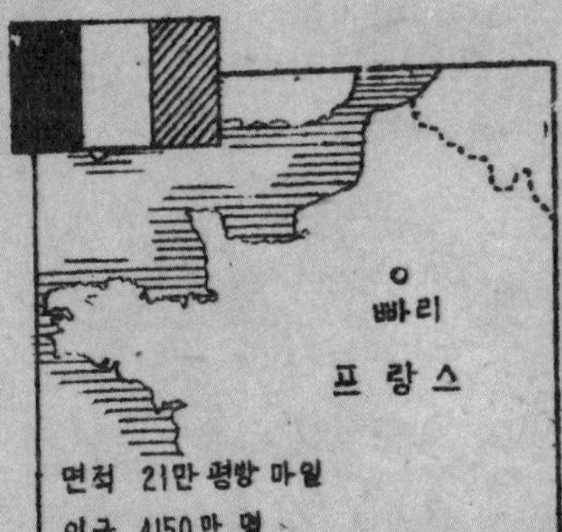

프 랑 스

국민이 대단히 부지런하다.

미술과 문예의 발달이 놀라운 나라.

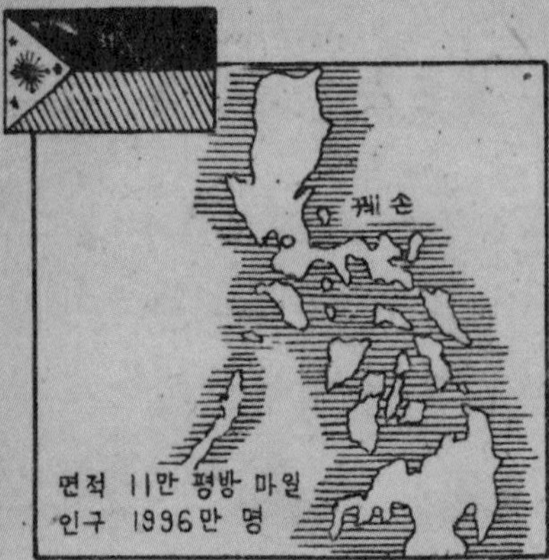

필립빈

7000개나 되는 섬으로 된 나라.
쌀과 사탕이 많이 난다.

○ 물자를 보낸 나라

가나다, 큐우바, 끄리시아, 놀웨이, 뉴우질란드, 니까라과, 덴마악, 레바논, 리베리아, 멕시꼬, 미국, 바나마, 베네쥂라, 뻴기이, 스웨덴, 아이슬란드, 알젠띤, 에디오삐아, 에꽈돌, 영국, 오오스뜨랄리아, 울과이, 이딸리아, 이스라엘, 인도, 중화민국, 타이, 바끼스딴, 바라과이, 프랑스, 필립빈,

—3월 10일 현재—

이 밖에도 국제 연합에서는 대한 민국의 피란민을 구제하기 위하여, 2억 5천만 딸라를 걷어 보내기로 하였으며, 그 밖의 여러 단체에서도 많은 원조 물자를 보내 오고 있다.

진군의 노래

화랑의 피를 이은 젊은이들이
사직단 횃불 앞에 한데 모여서,
나라를 지키고자 칼들을 갈고,
오늘은 우뢰 같이 소리쳐 간다.

반만 년 정기 받은 억센 사나이
정의의 싸움터로 한데 모여서,
오랑캐 무찌르려 칼들을 갈고,
오늘은 파도처럼 휩쓸어 간다.

삼천만 부탁 받은 거룩한 장정,
조국의 운명 앞에 한데 모여서,
승리의 깃발 아래 칼들을 갈고,
오늘은 바람처럼 처몰아 간다.

단기 4284년 3월 20일 박음
단기 4284년 3월 25일 폄

전시 생활 3-1
우리 나라와
국제 연합

값	200원

지은이
겸 편이 　문 교 부

박은이 　협동 도서 주식회사
대표자 양이경

우리나라와 국제연합
(전시생활 국어교과서)3-1. 복제본 39,000원
ISBN 978-89-5955-114-9 13700